Diabet

Kochbuch

Das komplette Diabetes-Kochbuch mit schmackhaften und leckeren Rezepten zum Umgang mit Typ-2-Diabetes

Inhaltsverzeichnis

—

Das folgende Buch wird im Folgenden mit dem Ziel wiedergegeben, möglichst genaue und zuverlässige Informationen zu liefern. Unabhängig davon kann der Kauf dieses Buches als Zustimmung zu der Tatsache gesehen werden, dass sowohl der Herausgeber als auch der Autor dieses Buches in keiner Weise Experten für die darin besprochenen Themen sind und dass jegliche Empfehlungen oder Vorschläge, die hier gemacht werden, nur zu Unterhaltungszwecken dienen. Vor der Durchführung von Maßnahmen, die in diesem Buch empfohlen werden, sollten bei Bedarf Fachleute konsultiert werden.

Diese Erklärung wird sowohl von der American Bar Association als auch vom Committee of Publishers Association als fair und gültig angesehen und ist in den gesamten Vereinigten Staaten rechtsverbindlich.

Darüber hinaus wird die Übertragung, Vervielfältigung oder Reproduktion eines der folgenden Werke, einschließlich bestimmter Informationen, als illegale Handlung angesehen, unabhängig davon, ob sie elektronisch oder in gedruckter Form erfolgt. Dies gilt auch für die Erstellung einer Zweit- oder Drittkopie des Werkes oder einer aufgezeichneten Kopie und ist nur mit ausdrücklicher schriftlicher Genehmigung des Verlages erlaubt. Alle weiteren Rechte vorbehalten.

—

Die Informationen auf den folgenden Seiten werden im Großen und Ganzen als wahrheitsgemäße und genaue Darstellung von Tatsachen betrachtet, und als solche liegen alle daraus resultierenden Handlungen ausschließlich in der Verantwortung des Lesers, wenn er die Informationen nicht beachtet, verwendet oder missbraucht. Es gibt keine Szenarien, in denen der Herausgeber oder der ursprüngliche Autor dieses Werkes in irgendeiner Weise für Härten oder Schäden haftbar gemacht werden kann, die ihnen nach der Aufnahme der hier beschriebenen Informationen entstehen könnten.

Darüber hinaus dienen die Angaben auf den folgenden Seiten ausschließlich Informationszwecken und sind daher als allgemeingültig zu betrachten. Sie werden ihrer Natur entsprechend ohne Gewähr für ihre dauerhafte Gültigkeit oder Zwischenqualität präsentiert. Die Erwähnung von Warenzeichen erfolgt ohne schriftliche Zustimmung und kann in keiner Weise als Zustimmung des Warenzeicheninhabers gewertet werden.

Einführung

Diabetes mellitus, allgemein nur als Zuckerkrankheit bekannt, ist eine Krankheit, die unseren Stoffwechsel beeinträchtigt. Das vorherrschende Merkmal der Zuckerkrankheit ist die Unfähigkeit, Insulin zu bilden oder zu nutzen, ein Hormon, das Zucker aus unseren Blutzellen in die restlichen Zellen unseres Körpers transportiert. Dies ist für uns von entscheidender Bedeutung, da wir auf diesen Blutzucker angewiesen sind, um unseren Körper anzutreiben und mit Energie zu versorgen. Hoher Blutzucker kann, wenn er unbehandelt bleibt, zu schweren Schäden an Augen, Nerven, Nieren und anderen wichtigen Organen führen. Es gibt zwei Haupttypen von Diabetes, Typ 1 und Typ 2, wobei letzterer mit über 90 Prozent der Diabetiker der häufigste von beiden ist (Centers for Disease Control and Prevention, 2019).

Typ-1-Diabetes ist eine Autoimmunerkrankung. Bei Typ-1-Diabetes greift das Immunsystem Zellen in der Bauchspeicheldrüse an, die für die Insulinproduktion zuständig sind. Obwohl wir nicht wissen, was diese Reaktion auslöst, glauben viele Experten, dass sie durch einen Genmangel oder durch Virusinfektionen ausgelöst wird, die die Krankheit auslösen können.

HOW DOES INSULIN WORK?

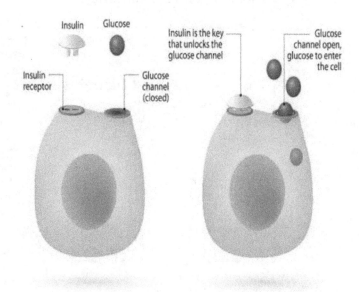

Typ-2-Diabetes ist eine Stoffwechselerkrankung, obwohl Forschungsergebnisse darauf hindeuten, dass sie auch als Autoimmunerkrankung eingestuft werden kann. Menschen, die an Typ-2-Diabetes leiden, haben eine hohe Resistenz gegen Insulin oder eine Unfähigkeit, genügend Insulin zu produzieren. Experten gehen davon aus, dass Typ-2-Diabetes bei vielen Menschen auf eine genetische Veranlagung zurückzuführen ist, die durch Übergewicht und andere umweltbedingte Auslöser noch verschlimmert wird.

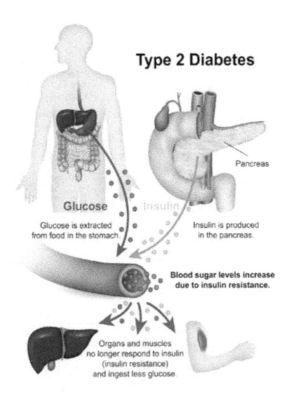

Diagnose

Die Diabetes-Diagnose hat in den letzten Jahrzehnten unglaubliche Fortschritte gemacht. Derzeit gibt es zwei primäre Tests zur Diagnose von Diabetes: den Nüchtern-Plasmaglukose-Test (FPG) und den Hämoglobin-A1c-Test. Der FPG-Test misst Ihren Blutzuckerspiegel nach einer achtstündigen Nüchternperiode; dies hilft zu zeigen, ob Ihr Körper Glukose in einer gesunden Rate verarbeitet.
Der A1c-Test zeigt Ihren Blutzuckerspiegel über die letzten drei Monate an. Er tut dies, indem er die Menge an Glukose testet, die vom Hämoglobin Ihrer roten Blutkörperchen getragen wird. Hämoglobin hat eine Lebensdauer von etwa drei Monaten; dies erlaubt uns, sie zu testen, um zu sehen, wie lange sie ihre Glukose getragen haben und wie viel sie haben.

Symptome

Bei Typ-1-Diabetes kann die Liste der Symptome sehr umfangreich sein und sowohl ernste als auch weniger offensichtliche Anzeichen aufweisen. Im Folgenden werden die häufigsten Symptome sowie weitere mögliche Komplikationen des Typ-1-Diabetes aufgeführt:

• **Übermäßiger Durst:** Übermäßiger Durst ist einer der weniger auffälligen Indikatoren für Typ-1-Diabetes. Er wird durch einen hohen Blutzucker (Hyperglykämie) hervorgerufen.

• **Häufiges Wasserlassen:** Häufiges Wasserlassen wird dadurch verursacht, dass Ihre Nieren nicht in der Lage sind, die gesamte Glukose in Ihrem Blut zu verarbeiten; dies zwingt Ihren Körper, zu versuchen, überschüssige Glukose durch Urinieren auszuspülen.

• **Müdigkeit:** Müdigkeit bei Typ-1-Diabetes-Patienten wird durch die Unfähigkeit des Körpers, Glukose zur Energiegewinnung zu verarbeiten, verursacht.

SYMPTOMS OF TYPE 1 DIABETES

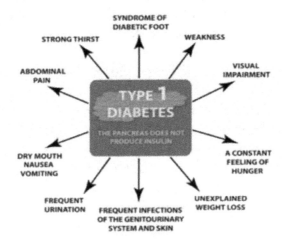

• **Übermäßiger Hunger:** Wer an Typ-1-Diabetes leidet, hat oft anhaltenden Hunger und gesteigerten Appetit. Das liegt daran, dass der Körper verzweifelt nach Glukose verlangt, obwohl er sie ohne Insulin nicht verarbeiten kann.

• **Trübes oder unklares Sehen:** Schnelle Schwankungen des Blutzuckerspiegels können zu trübem oder verschwommenem Sehen führen. Menschen mit unbehandeltem Typ-1-Diabetes sind nicht in der Lage, ihren Blutzuckerspiegel auf natürliche Weise zu kontrollieren, so dass schnelle Schwankungen sehr häufig vorkommen.

• **Rascher Gewichtsverlust:** Rascher Gewichtsverlust ist wahrscheinlich das auffälligste Symptom von Typ-1-Diabetes. Wenn Ihr Körper keine Glukose mehr bekommt, baut er Muskeln und Fett ab, um sich selbst zu erhalten. Dies kann bei Typ-1-Diabetes zu einem unglaublich schnellen Gewichtsverlust führen.

• **Ketoazidose:** Die Ketoazidose ist eine potenziell tödliche Komplikation von unbehandeltem Typ-1-Diabetes. Als Reaktion auf den Mangel an Glukose, die Ihren Muskeln und Organen zugeführt wird, beginnt Ihr Körper, Ihr Fett und Ihre Muskeln in eine Energiequelle namens Ketone abzubauen, die ohne Insulin verbrannt werden können. Ketone sind normalerweise in normalen Mengen völlig in Ordnung. Wenn Ihr Körper jedoch hungert, kann es dazu kommen, dass er sich selbst mit Ketonen überflutet, um sich selbst mit Energie zu versorgen; die Übersäuerung Ihres Blutes, die diesem Zustrom von sauren Molekülen folgt, kann zu ernsteren Erkrankungen, einem Koma oder dem Tod führen.

Bei Typ-2-Diabetes entwickeln sich die Symptome langsamer und sind in der Regel zu Beginn eher mild. Einige frühe Symptome ähneln denen des Typ-1-Diabetes und können sein:

• **Übermäßiges Hungergefühl:** Ähnlich wie bei Typ-1-Diabetes werden diejenigen von uns mit Typ-2-Diabetes ständigen Hunger verspüren. Auch dies wird durch unseren Körper verursacht, der aufgrund der Unfähigkeit, Glukose zu verarbeiten, nach Brennstoff sucht.

• **Müdigkeit und geistige Umnebelung:** Je nach Schwere des Insulinmangels bei Typ-2-Betroffenen können sie im Laufe des Tages körperliche Müdigkeit und eine geistige Umnebelung verspüren.

• **Häufiges Wasserlassen:** Ein weiteres Symptom sowohl bei Typ-1- als auch bei Typ-2-Diabetes. Häufiges Urinieren ist einfach die Art und Weise, wie Ihr Körper versucht, überschüssige Glukose loszuwerden.

• **Mundtrockenheit und ständiger Durst: Die** Ursachen für Mundtrockenheit bei Diabetikern sind unklar, stehen aber in engem Zusammenhang mit hohen Blutzuckerwerten. Ständiger Durst wird nicht nur durch einen trockenen Mund hervorgerufen, sondern auch durch die Dehydrierung, die häufiges Wasserlassen verursacht.

• **Juckende Haut:** Juckreiz der Haut, insbesondere an Händen und Füßen, ist ein Zeichen für Polyneuropathie (diabetische Nervenschädigung). Juckreiz kann nicht nur ein Zeichen für eine mögliche Nervenschädigung sein, sondern auch ein Zeichen für hohe Konzentrationen von Zytokinen, die in Ihrem Blutkreislauf zirkulieren; dies sind Entzündungsmoleküle, die zu Juckreiz führen können. Zytokine sind Signalproteine und hormonelle Regulatoren, die vor einer Nervenschädigung oft in hohen Mengen

SYMPTOMS OF TYPE 2 DIABETES

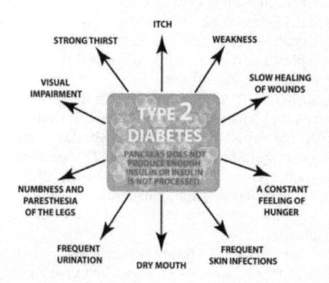

ausgeschüttet werden.

Wenn der Typ-2-Diabetes fortschreitet und ernster wird, können die Symptome sehr unangenehm und gefährlich werden. Einige dieser fortgeschrittenen Symptome sind:

• **Langsame Heilung von Prellungen, Schnitt- und Schürfwunden:** Viele Menschen, die an Typ-2-Diabetes leiden, haben ein geschwächtes Immunsystem, weil dem Körper zu wenig Energie zur Verfügung steht. Neben dem Energiemangel haben viele Diabetiker eine verlangsamte Durchblutung, die durch hohe Blutzuckerwerte hervorgerufen wird. Beide Faktoren führen zu einem deutlich langsameren Heilungsprozess und einem höheren Infektionsrisiko.

• **Hefepilzinfektionen:** Bei Frauen mit Typ-2-Diabetes ist die Wahrscheinlichkeit von Hefepilzinfektionen weitaus höher als bei Nicht-Diabetikerinnen. Dies ist auf den hohen Blutzuckerspiegel und eine verminderte Reaktion des Immunsystems zurückzuführen.

• **Neuropathie oder Taubheit:** Langfristig hohe Blutzuckerwerte können bei Erwachsenen mit Diabetes zu schweren Nervenschäden führen. Man geht davon aus, dass etwa 70 Prozent der Menschen mit Typ-2-Diabetes eine Form der Neuropathie haben (Hoskins, 2020). Die diabetische Neuropathie ist durch ein Taubheitsgefühl in den Extremitäten, insbesondere in den Füßen und Fingern, gekennzeichnet.

• **Dunkle Hautflecken (Acanthosis nigricans):** Bei manchen Menschen mit Typ-2-Diabetes kann der Insulinspiegel im Blut weit über dem Normalwert liegen, da der Körper das Insulin aufgrund einer Insulinresistenz nicht verwerten kann. Dieser Anstieg des Insulins in der Blutbahn kann dazu führen, dass sich einige Hautzellen übermäßig vermehren und sich dunkle Flecken auf der Haut bilden.

Komplikationen

Schwere Komplikationen von Diabetes können schwächend und tödlich sein. Sowohl Typ-1- als auch Typ-2-Diabetes können zu schweren neurologischen, kardiovaskulären und optischen Erkrankungen führen. Einige der häufigsten Komplikationen bei fortgeschrittenem Diabetes sind wie folgt:

● **Herzinfarkte:** Diabetes steht in direktem Zusammenhang mit einer höheren Rate an Herzinfarkten bei Erwachsenen. Ein hoher Blutzuckerspiegel schädigt mit der Zeit die Zellen und Nerven um das Herz und die Blutgefäße, wodurch sich eine Vielzahl von Herzerkrankungen bilden kann.

● **Grauer Star (Katarakt):** Menschen mit Diabetes haben ein fast 60 Prozent höheres Risiko, später im Leben einen Grauen Star zu entwickeln, wenn ihr Diabetes unkontrolliert bleibt (Diabetes.de, 2019a). Ärzte sind sich über den genauen Grund für die erhöhte Bildung von Katarakten bei Diabetes-Patienten nicht sicher, aber viele glauben, dass es mit der geringeren Menge an Glukose zu tun hat, die den Zellen, die unsere Augen versorgen, zur Verfügung steht.

● **Periphere Arterienerkrankung (PAD):** Dies ist eine sehr häufige Diabeteserkrankung und führt zu einer verminderten Durchblutung, die zu ernsten Problemen in den Unterschenkeln führt, was oft eine Amputation zur Folge hat.

● **Diabetische Nephropathie:** Diabetische Nephropathie tritt auf, wenn hohe Blutzuckerwerte Teile Ihrer Nieren schädigen, die für die Blutfilterung verantwortlich sind. Dies führt dazu, dass Ihre Nieren chronische Nierenerkrankungen entwickeln und mit der Zeit versagen.

● **Grüner Star (Glaukom):** Diabetes kann bei Betroffenen aufgrund des hohen Blutzuckerspiegels ein Glaukom verursachen, das die Blutgefäße in den Augen direkt schädigt. Wenn Ihr Körper versucht, diese Gefäße zu reparieren, kann es zu einem Glaukom an der Iris kommen, wo der Schaden verursacht wurde.

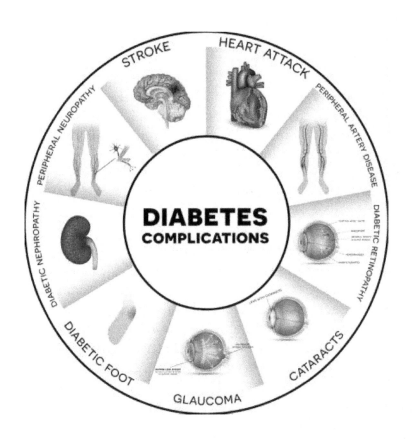

Behandlung

Behandlungen für Diabetes variieren je nach Typ, Anzahl und Schwere der Komplikationen und dem allgemeinen Gesundheitszustand des Patienten. Glücklicherweise wird Diabetes seit langem von der medizinischen Gemeinschaft erforscht und daher gibt es eine Fülle von Ressourcen und Behandlungen zur Verfügung.

Bei Typ-1-Diabetes sind Insulinzusätze unerlässlich. Typ-1-Diabetiker sind auf tägliche Insulininjektionen angewiesen; manche bevorzugen eine teurere, aber einfacher zu bedienende Insulinpumpe. Der Insulinbedarf von Typ-1-Diabetikern schwankt im Laufe des Tages, da sie essen und sich bewegen. Das bedeutet, dass viele Typ-1-Diabetiker regelmäßig ihren Blutzuckerspiegel testen, um festzustellen, ob ihr Insulinbedarf gedeckt ist.

Manche Typ-1-Diabetiker entwickeln nach Jahren der Injektionen eine Insulinresistenz. Das bedeutet, dass orale Diabetes-Medikamente wie Metformin immer häufiger an Typ-1-Diabetiker verschrieben werden, um eine Insulinresistenz zu verhindern.

Typ-2-Diabetes kann in manchen Fällen ohne Medikamente kontrolliert werden. Viele Typ-2-Diabetiker können ihren Blutzuckerspiegel durch sorgfältige Ernährung und leichte Bewegung selbst regulieren. Den meisten Typ-2-Diabetikern wird eine fettarme Ernährung empfohlen, die reich an Ballaststoffen und gesunden Kohlenhydraten ist.

Einige Typ-2-Diabetiker benötigen Medikamente. Im Gegensatz zu Typ 1 ist Insulin bei Typ 2 nicht so häufig erforderlich. Einige Typ-2-Diabetiker benötigen jedoch Insulin, um die reduzierte Menge, die ihre Bauchspeicheldrüse bereitstellt, zu ergänzen.

Das häufigste Medikament, das Typ-2-Diabetikern verabreicht wird, ist Metformin. Dieses verschreibungspflichtige Medikament hilft, den Blutzuckerspiegel zu senken und die Insulinempfindlichkeit zu verbessern. Andere Medikamente, die Typ-2-Diabetikern verschrieben werden, sind Sulfonylharnstoffe, Thiazolidindione und Meglitinide, die alle die Insulinproduktion oder -empfindlichkeit erhöhen.

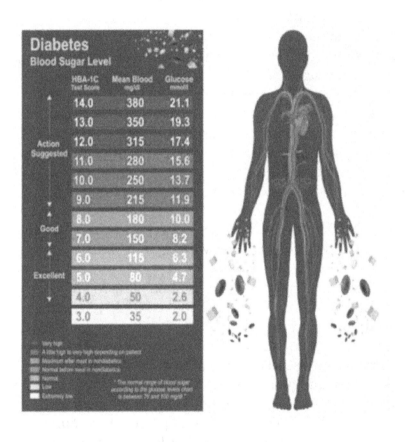

10 Tipps zur Kontrolle von Diabetes

• **Essen Sie weniger Salz:** Salz kann Ihr Risiko für Bluthochdruck erhöhen, was zu einem erhöhten Risiko für Herzerkrankungen und Schlaganfall führt.

• **Ersetzen Sie Zucker:** Ersetzen Sie Zucker durch kalorienfreie Süßstoffe. Das Weglassen von Zucker gibt Ihnen viel mehr Kontrolle über Ihren Blutzuckerspiegel.

• Verzichten Sie **auf Alkohol:** Alkohol ist tendenziell kalorienreich und kann, wenn er auf nüchternen Magen mit Insulinmedikamenten getrunken wird, zu drastischen Blutzuckerabfällen führen.

• **Seien Sie körperlich aktiv:** Körperliche Aktivität senkt Ihr Risiko für kardiovaskuläre Probleme und erhöht die natürliche Glukoseverbrennungsrate Ihres Körpers.

• **Vermeiden Sie gesättigte Fette:** Gesättigte Fette wie Butter und Gebäck können zu hohem Cholesterinspiegel und Durchblutungsstörungen führen.

• **Verwenden Sie Raps- oder Olivenöl:** Wenn Sie beim Kochen Öl verwenden müssen, verwenden Sie Raps- oder Olivenöl. Beide sind reich an nützlichen Fettsäuren und einfach ungesättigten Fetten.

• **Trinken Sie Wasser:** Wasser ist mit Abstand das gesündeste Getränk, das Sie zu sich nehmen können. Das Trinken von Wasser hilft, den Blutzucker- und Insulinspiegel zu regulieren.

• Achten Sie auf eine **ausreichende Versorgung mit Vitamin D:** Vitamin D ist ein wichtiges Vitamin für die Kontrolle des Blutzuckerspiegels. Essen Sie Lebensmittel, die viel von diesem Vitamin enthalten, oder fragen Sie Ihren Arzt nach Ergänzungsmitteln.

• **Vermeiden Sie verarbeitete Lebensmittel:** Verarbeitete Lebensmittel haben meist einen hohen Anteil an pflanzlichen Ölen, Salz, raffiniertem Getreide oder anderen ungesunden Zusatzstoffen.

• **Trinken Sie Kaffee und Tee:** Kaffee und Tee sind nicht nur großartige Hungerhemmer für Diätwillige, sondern sie enthalten wichtige Antioxidantien, die beim Schutz der Zellen helfen.

Frühstücks-Rezepte

Würzige Jalapeno Popper Teufels-Eier

Zubereitungszeit: 5 Minuten
Kochzeit: 5 Minuten
Portionen: 4
Inhaltsstoffe

- 4 große ganze Eier, hartgekocht
- 2 Esslöffel Keto-Freundliche Mayonnaise
- ¼ Tasse Cheddar-Käse, gerieben
- 2 Scheiben Speck, gekocht und zerbröselt
- 1 Jalapeno, in Scheiben geschnitten

Wegbeschreibung:

1. Eier halbieren, das Eigelb entfernen und in eine Schüssel geben
2. Eiweiß auf eine Platte legen
3. Restliche Zutaten einrühren und mit den Eigelben pürieren
4. Eigelbmischung zurück zum Eischnee geben
5. Servieren und genießen!

Ernährung:
Kalorien: 176
Fett: 14g
Kohlenhydrate: 0.7g
Eiweiß: 10g

Schöner Brei

Zubereitungszeit: 15 Minuten
Kochzeit: Null
Portionen: 2
Inhaltsstoffe

- 2 Esslöffel Kokosnussmehl
- 2 Esslöffel Vanille-Proteinpulver
- 3 Esslöffel Golden Flaxseed Mehl
- 1 und 1/2 Tassen Mandelmilch, ungesüßt
- Erythritol in Pulverform

Wegbeschreibung:

1. Nehmen Sie eine Schüssel und mischen Sie Leinsamenmehl, Proteinpulver und Kokosmehl unter und verrühren Sie alles gut
2. Mischung in den Topf geben (bei mittlerer Hitze)
3. Mandelmilch hinzufügen und umrühren, die Mischung eindicken lassen
4. Fügen Sie die gewünschte Menge an Süßstoff hinzu und servieren Sie
5. Viel Spaß!

Ernährung:
Kalorien: 259
Fett: 13g
Kohlenhydrate: 5g
Eiweiß: 16g

Salziger Macadamia-Schokoladen-Smoothie

Zubereitungszeit: 5 Minuten
Kochzeit: Null
Portionen: 1
Inhaltsstoffe

- 2 Esslöffel Macadamianüsse, gesalzen
- 1/3 Tasse Schokoladen-Molkenproteinpulver, Low Carb
- 1 Tasse Mandelmilch, ungesüßt

Wegbeschreibung:

1. Geben Sie die aufgelisteten Zutaten in Ihren Mixer und pürieren Sie sie, bis Sie eine glatte Mischung haben
2. Entspannen Sie sich und genießen Sie es!

Ernährung:
Kalorien: 165
Fett: 2g
Kohlenhydrate: 1g
Eiweiß: 12g

Gebackene Eier mit Basilikum und Tomate

Zubereitungszeit: 10 Minuten
Kochzeit: 15 Minuten
Portionen: 4
Inhaltsstoffe

- 1 Knoblauchzehe, gehackt
- 1 Tasse Dosentomaten
- ¼ Tasse frische Basilikumblätter, grob gehackt
- 1/2 Teelöffel Chilipulver
- 1 Esslöffel Olivenöl
- 4 ganze Eier
- Salz und Pfeffer nach Geschmack

Wegbeschreibung:

1. Heizen Sie Ihren Ofen auf 375 Grad F vor
2. Nehmen Sie eine kleine Auflaufform und fetten Sie sie mit Olivenöl ein
3. Knoblauch, Basilikum, Tomaten, Chili und Olivenöl in eine Schüssel geben und umrühren
4. Eier in eine Schale knacken, dabei Zwischenraum lassen
5. Das ganze Gericht mit Salz und Pfeffer bestreuen
6. In den Ofen schieben und 12 Minuten garen, bis die Eier stocken und die Tomaten blubbern
7. Mit Basilikum bestreut servieren
8. Viel Spaß!

Ernährung:
Kalorien: 235
Fett: 16g
Kohlenhydrate: 7g

Eiweiß: 14g

Zimt und Kokosnuss Brei

Zubereitungszeit: 5 Minuten
Kochzeit: 5 Minuten
Portionen: 4
Inhaltsstoffe

- 2 Tassen Wasser
- 1 Becher 36% schwere Sahne
- 1/2 Tasse ungesüßte getrocknete Kokosnuss, zerkleinert
- 2 Esslöffel Leinsamenmehl
- 1 Esslöffel Butter
- 1 und 1/2 Teelöffel Stevia
- 1 Teelöffel Zimt
- Salz nach Geschmack
- Toppings wie Heidelbeeren

Wegbeschreibung:

1. Die aufgeführten Zutaten in einen kleinen Topf geben, gut vermischen
2. Topf auf den Herd stellen und auf mittlere bis niedrige Hitze stellen
3. Zum Mischen langsam aufkochen lassen
4. Gut umrühren und die Hitze entfernen
5. Teilen Sie die Mischung in gleich große Portionen auf und lassen Sie sie 10 Minuten lang stehen
6. Mit den gewünschten Toppings belegen und genießen!

Ernährung:
Kalorien: 171
Fett: 16g
Kohlenhydrate: 6g
Eiweiß: 2g

Ein Omelett aus Mangold

Zubereitungszeit: 5 Minuten
Kochzeit: 5 Minuten
Portionen: 4
Inhaltsstoffe

- 4 Eier, leicht verquirlt
- 4 Tassen Mangold, in Scheiben geschnitten
- 2 Esslöffel Butter
- 1/2 Teelöffel Knoblauchsalz
- Frischer Pfeffer

Wegbeschreibung:

1. Nehmen Sie eine antihaftbeschichtete Bratpfanne und stellen Sie sie auf mittlere bis niedrige Hitze.
2. Sobald die Butter schmilzt, Mangold hinzufügen und unter Rühren 2 Minuten kochen
3. Gießen Sie das Ei in die Pfanne und rühren Sie es vorsichtig unter den Mangold
4. Mit Knoblauchsalz und Pfeffer würzen
5. 2 Minuten kochen
6. Servieren und genießen!

Ernährung:
Kalorien: 260
Fett: 21g
Kohlenhydrate: 4g
Eiweiß: 14g

Käsiges kohlenhydratarmes Omelett

Zubereitungszeit: 5 Minuten

Kochzeit: 5 Minuten

Portionen: 5

Inhaltsstoffe

- 2 ganze Eier
- 1 Esslöffel Wasser
- 1 Esslöffel Butter
- 3 dünne Scheiben Salami
- 5 frische Basilikumblätter
- 5 dünne Scheiben, frische reife Tomaten
- 2 Unzen frischer Mozzarella-Käse
- Salz und Pfeffer nach Bedarf

Wegbeschreibung:

1. Nehmen Sie eine kleine Schüssel und verquirlen Sie Eier und Wasser
2. Nehmen Sie eine Antihaft-Sauté-Pfanne und stellen Sie sie auf mittlere Hitze, geben Sie Butter hinein und lassen Sie sie schmelzen
3. Eiermischung gießen und 30 Sekunden kochen
4. Salamischeiben auf der Hälfte der Eiermischung verteilen und mit Käse, Tomaten und Basilikumscheiben belegen
5. Mit Salz und Pfeffer nach Ihrem Geschmack würzen

6. 2 Minuten kochen und das Ei mit der leeren Hälfte unterheben

7. Bedecken Sie und kochen Sie auf LOW für 1 Minute

8. Servieren und genießen!

Ernährung:

- Kalorien: 451
- Fett: 36g
- Kohlenhydrate: 3g
- Eiweiß:33g

Joghurt und Grünkohl Smoothie

Portionen: 1
Zubereitungszeit: 10 Minuten
Zutaten:

- 1 Tasse Vollmilchjoghurt
- 1 Tasse Baby-Grünkohl
- 1 Packung Stevia
- 1 Esslöffel MCT-Öl
- 1 Esslöffel Sonnenblumenkerne
- 1 Tasse Wasser

Wegbeschreibung:

1. Aufgeführte Zutaten in den Mixer geben
2. Mixen Sie, bis Sie eine glatte und cremige Textur haben
3. Gekühlt servieren und genießen!

Ernährung:
Kalorien: 329
Fett: 26g
Kohlenhydrate: 15g
Eiweiß: 11g

Wrap mit Speck und Hähnchen-Knoblauch

Zubereitungszeit: 15 Minuten
Kochzeit: 10 Minuten
Portionen: 4
Inhaltsstoffe

- 1 Hähnchenfilet, in kleine Würfel geschnitten
- 8-9 dünne Scheiben Speck, in passende Würfel geschnitten
- 6 Knoblauchzehen, gehackt

Wegbeschreibung:

1. Heizen Sie Ihren Ofen auf 400 Grad F vor
2. Ein Backblech mit Alufolie auslegen
3. Gehackten Knoblauch in eine Schüssel geben und jedes Hähnchenteil damit einreiben
4. Speckstück um jeden Knoblauchhähnchenbissen wickeln
5. Mit Zahnstocher sichern
6. Übertragen Sie die Bissen auf das Backblech, lassen Sie dabei ein wenig Platz zwischen ihnen
7. Etwa 15-20 Minuten knusprig backen
8. Servieren und genießen!

Ernährung:

- Kalorien: 260
- Fett: 19g
- Kohlenhydrate: 5g
- Eiweiß: 22g

Platte mit gegrilltem Hähnchen

Zubereitungszeit: 5 Minuten
Kochzeit: 10 Minuten
Portionen: 6
Inhaltsstoffe

- 3 große Hähnchenbrust, der Länge nach halbiert geschnitten
- 10 Unzen Spinat, gefroren und abgetropft
- 3 Unzen Mozzarella-Käse, teilentrahmt
- 1/2 Tasse geröstete rote Paprikaschoten, in lange Streifen geschnitten
- 1 Teelöffel Olivenöl
- 2 Knoblauchzehen, gehackt
- Salz und Pfeffer nach Bedarf

Wegbeschreibung:

1. Heizen Sie Ihren Ofen auf 400 Grad Fahrenheit vor
2. 3 Hähnchenbrüste der Länge nach in Scheiben schneiden
3. Nehmen Sie eine Antihaft-Pfanne und fetten Sie sie mit Kochspray ein
4. Backen Sie für 2-3 Minuten pro Seite
5. Nehmen Sie eine weitere Pfanne und kochen Sie Spinat und Knoblauch in Öl für 3 Minuten
6. Hähnchen auf eine Auflaufform legen und mit Spinat, gerösteten Paprikaschoten und Mozzarella belegen
7. Backen, bis der Käse geschmolzen ist
8. Viel Spaß!

Ernährung:
Kalorien: 195
Fett: 7g
Netto-Kohlenhydrate: 3g
Eiweiß: 30g

Hähnchenbrust mit Petersilie

Zubereitungszeit: 10 Minuten
Kochzeit: 40 Minuten
Portionen: 4
Inhaltsstoffe

- 1 Esslöffel trockene Petersilie
- 1 Esslöffel trockenes Basilikum
- 4 Hähnchenbrusthälften, ohne Knochen und ohne Haut
- 1/2 Teelöffel Salz
- 1/2 Teelöffel rote Paprikaflocken, zerstoßen
- 2 Tomaten, in Scheiben geschnitten

Wegbeschreibung:

1. Heizen Sie Ihren Ofen auf 350 Grad F vor
2. Nehmen Sie eine 9x13-Zoll-Backform und fetten Sie sie mit Kochspray ein
3. Streuen Sie 1 Esslöffel Petersilie und 1 Teelöffel Basilikum darüber und verteilen Sie die Mischung in Ihrer Auflaufform
4. Die Hähnchenbrusthälften auf dem Teller anrichten und mit Knoblauchscheiben bestreuen
5. Nehmen Sie eine kleine Schüssel und fügen Sie 1 Teelöffel Petersilie, 1 Teelöffel Basilikum, Salz,

Basilikum und roten Pfeffer hinzu und mischen Sie gut. Gießen Sie die Mischung über die Hähnchenbrust

6. Mit Tomatenscheiben belegen und abdecken, 25 Minuten backen
7. Entfernen Sie den Deckel und backen Sie weitere 15 Minuten
8. Servieren und genießen!

Ernährung:
Kalorien: 150
Fett: 4g
Kohlenhydrate: 4g
Eiweiß: 25g

Senfhuhn

Zubereitungszeit: 10 Minuten
Kochzeit: 40 Minuten
Portionen: 4
Inhaltsstoffe

- 4 Hühnerbrüste
- 1/2 Tasse Hühnerbrühe
- 3-4 Esslöffel Senf
- 3 Esslöffel Olivenöl
- 1 Teelöffel Paprika
- 1 Teelöffel Chilipulver
- 1 Teelöffel Knoblauchpulver

Wegbeschreibung:

1. Nehmen Sie eine kleine Schüssel und mischen Sie Senf, Olivenöl, Paprika, Hühnerbrühe, Knoblauchpulver, Hühnerbrühe und Chili
2. Hähnchenbrust hinzufügen und 30 Minuten marinieren
3. Nehmen Sie ein ausgekleidetes Backblech und legen Sie das Hähnchen
4. Backen Sie für 35 Minuten bei 375 Grad Fahrenheit
5. Servieren und genießen!

Ernährung:
Kalorien: 531
Fett: 23g
Kohlenhydrate: 10g
Eiweiß: 64g

Balsamico-Huhn

Zubereitungszeit: 10 Minuten
Kochzeit: 25 Minuten
Portionen: 6
Inhaltsstoffe

- 6 Hähnchenbrusthälften, ohne Haut und ohne Knochen
- 1 Teelöffel Knoblauchsalz
- Gemahlener schwarzer Pfeffer
- 2 Esslöffel Olivenöl
- 1 Zwiebel, in dünne Scheiben geschnitten
- 14 und 1/2 Unzen Tomaten, gewürfelt
- 1/2 Tasse Balsamico-Essig
- 1 Teelöffel getrocknetes Basilikum
- 1 Teelöffel getrockneter Oregano
- 1 Teelöffel getrockneter Rosmarin
- 1/2 Teelöffel getrockneter Thymian

Wegbeschreibung:

1. Würzen Sie beide Seiten Ihrer Hähnchenbrüste gründlich mit Pfeffer und Knoblauchsalz
2. Nehmen Sie eine Pfanne und stellen Sie sie auf mittlere Hitze
3. Geben Sie etwas Öl hinzu und braten Sie Ihr gewürztes Hähnchen 3-4 Minuten pro Seite, bis die Brüste schön gebräunt sind
4. Zwiebel hinzufügen und weitere 3-4 Minuten kochen, bis die Zwiebeln gebräunt sind
5. Gießen Sie die gewürfelten Tomaten und den Balsamico-Essig über Ihr Hähnchen und würzen Sie

mit etwas Rosmarin, Basilikum, Thymian und Rosmarin

6. Das Hähnchen etwa 15 Minuten köcheln lassen, bis es nicht mehr rosa ist

7. Nehmen Sie ein Thermometer zur Hand und prüfen Sie, ob die Innentemperatur 165 Grad Fahrenheit anzeigt.

8. Wenn ja, dann sind Sie startklar!

Ernährung:
Kalorien: 196
Fett: 7g
Kohlenhydrate: 7g
Eiweiß: 23g

Griechische Hähnchenbrust

Zubereitungszeit: 10 Minuten
Kochzeit: 25 Minuten
Portionen: 4
Inhaltsstoffe

- 4 Hähnchenbrusthälften, ohne Haut und ohne Knochen
- 1 Tasse natives Olivenöl extra
- 1 Zitrone, entsaftet
- 2 Teelöffel Knoblauch, zerdrückt
- 1 und 1/2 Teelöffel schwarzer Pfeffer
- 1/3 Teelöffel Paprika

Wegbeschreibung:

1. Schneiden Sie 3 Schlitze in die Hähnchenbrust
2. Nehmen Sie eine kleine Schüssel und verquirlen Sie Olivenöl, Salz, Zitronensaft, Knoblauch, Paprika und Pfeffer und verquirlen Sie 30 Sekunden lang
3. Hähnchen in eine große Schüssel legen und mit der Marinade übergießen
4. Reiben Sie die Marinade mit der Hand überall ein
5. Über Nacht in den Kühlschrank stellen
6. Grill auf mittlere Hitze vorheizen und den Rost einölen
7. Hähnchen im Grill garen, bis die Mitte nicht mehr rosa ist
8. Servieren und genießen!

Ernährung:
Kalorien: 644
Fett: 57g

Kohlenhydrate: 2g
Eiweiß: 27g

Chipotle-Salat-Huhn

Zubereitungszeit: 10 Minuten
Kochzeit: 25 Minuten
Portionen: 6
Inhaltsstoffe

- 1 Pfund Hähnchenbrust, in Streifen geschnitten
- Spritzer Olivenöl
- 1 rote Zwiebel, feingeschnitten
- 14 Unzen Tomaten
- 1 Teelöffel Chipotle, gehackt
- 1/2 Teelöffel Kreuzkümmel
- Prise Zucker
- Kopfsalat nach Bedarf
- Frische Korianderblätter
- Jalapeno-Chilis, in Scheiben geschnitten
- Frische Tomatenscheiben zum Garnieren
- Limettenspalten

Wegbeschreibung:

1. Nehmen Sie eine antihaftbeschichtete Bratpfanne und stellen Sie sie auf mittlere Hitze.
2. Öl hinzufügen und erhitzen
3. Hähnchenfleisch hinzufügen und kochen, bis es braun ist
4. Halten Sie das Huhn auf der Seite

5. Tomaten, Zucker, Chipotle und Kreuzkümmel in die gleiche Pfanne geben und 25 Minuten köcheln lassen, bis eine schöne Sauce entsteht
6. Hähnchen in die Sauce geben und 5 Minuten kochen
7. Übertragen Sie die Mischung an einen anderen Ort
8. Verwenden Sie Salatwickel, um eine Portion der Mischung aufzunehmen, und servieren Sie sie mit einem Spritzer Zitrone
9. Viel Spaß!

Ernährung:
Kalorien: 332
Fett: 15g
Kohlenhydrate: 13g
Eiweiß: 34g

Stilvoller Hähnchen-Speck-Wrap

Zubereitungszeit: 5 Minuten
Kochzeit: 50 Minuten
Portionen: 3
Inhaltsstoffe

- 8 Unzen magere Hähnchenbrust
- 6 Scheiben Speck
- 3 Unzen geschredderter Käse
- 4 Scheiben Schinken

- Wegbeschreibung:

1. Hähnchenbrust in mundgerechte Portionen schneiden
2. Geraspelten Käse auf die Schinkenscheiben geben
3. Hähnchenbrust und Schinkenscheiben in Speckscheiben einrollen
4. Nehmen Sie eine Pfanne und stellen Sie sie auf mittlere Hitze
5. Olivenöl hinzufügen und Speck kurz anbraten
6. Brötchen herausnehmen und in den Ofen schieben
7. 45 Minuten lang bei 325 Grad F backen
8. Servieren und genießen!

Ernährung:
Kalorien: 275
Fett: 11g
Kohlenhydrate: 0.5g
Eiweiß: 40g

Gesunde Hüttenkäse-Pfannkuchen

Zubereitungszeit: 10 Minuten
Kochzeit: 15
Portionen: 1
Zutaten:

- 1/2 Tasse Hüttenkäse (fettarm)

- 1/3 Tasse (ca. 2 Eiweiß) Eischnee

- ¼ Tasse Hafer

- 1 Teelöffel Vanilleextrakt

- Olivenöl-Kochspray

- 1 Esslöffel Stevia (roh)

- Beeren oder zuckerfreie Marmelade (optional)

Wegbeschreibung:

1. Nehmen Sie zunächst einen Standmixer und geben Sie das Eiweiß und den Hüttenkäse hinzu. Fügen Sie auch den Vanilleextrakt, eine Prise Stevia und die Haferflocken hinzu. Klopfen Sie, bis die Konsistenz gut glatt ist.

2. Nehmen Sie eine Antihaft-Pfanne und ölen Sie sie gut mit dem Kochspray ein. Stellen Sie die Pfanne auf niedrige Hitze.

3. Nach dem Erhitzen die Hälfte des Teigs herausschöpfen und in die Pfanne geben. Etwa 21/2 Minuten auf jeder Seite garen.

4. Positionieren Sie die gekochten Pfannkuchen auf einer Servierplatte und bedecken Sie sie mit zuckerfreier Marmelade oder Beeren.

Ernährung: Kalorien: 205 Kalorien pro Portion Fett - 1,5 g, Eiweiß - 24,5 g, Kohlenhydrate - 19 g

Avocado-Zitrone-Toast

Zubereitungszeit: 10 Minuten
Kochzeit: 13 Minuten
Portionen: 2
Zutaten:

- Vollkornbrot - 2 Scheiben

- Frischer Koriander (gehackt) - 2 Esslöffel

- Zitronenschale - ¼ Teelöffel

- Feines Meersalz - 1 Prise

Wegbeschreibung:

1. Nehmen Sie zunächst eine mittelgroße Rührschüssel und geben Sie die Avocado hinein. Verwenden Sie eine Gabel, um sie richtig zu zerdrücken.

2. Fügen Sie dann den Koriander, die Zitronenschale, den Zitronensaft, das Meersalz und den Cayennepfeffer hinzu. Gut mischen, bis alles gut vermischt ist.

3. Toasten Sie die Brotscheiben in einem Toaster, bis sie goldbraun sind. Das sollte etwa 3 Minuten dauern.

4. Die getoasteten Brotscheiben mit der Avocadomischung belegen und zum Schluss mit Chiasamen beträufeln.

Ernährung:

- Kalorien: 72 Kalorien pro Portion

- Eiweiß - 3,6 g

- Avocado - 1/2

- Frischer Zitronensaft - 1 Teelöffel

- Cayennepfeffer - 1 Prise

- Chia Samen - ¼ Teelöffel

- Fett - 1,2 g

- Kohlenhydrate - 11,6 g

Gesunde gebackene Eier

Zubereitungszeit: 10 Minuten
Kochzeit: 1 Stunde
Portionen: 6
Zutaten:

- Olivenöl - 1 Esslöffel

- Knoblauch - 2 Nelken

- Eier - 8 groß

- Meersalz - 1/2 Teelöffel

- Geschredderter Mozzarella-Käse (mittelfett) - 3 Tassen

- Olivenölspray

- Zwiebel (gehackt) - 1 Medium

- Spinat Blätter - 8 Unzen

- Halb und halb - 1 Tasse

- Schwarzer Pfeffer - 1 Teelöffel

- Feta-Käse - 1/2 Tasse

Wegbeschreibung:
1. Heizen Sie den Ofen zunächst auf 375 F auf.

2. Nehmen Sie eine Glasauflaufform und fetten Sie sie mit Olivenölspray ein. Beiseite stellen.

3. Nehmen Sie nun eine Antihaft-Pfanne und geben Sie das Olivenöl hinein. Stellen Sie die Pfanne auf den Herd und lassen Sie sie heiß werden.

4. Sobald Sie fertig sind, schwenken Sie den Knoblauch, den Spinat und die Zwiebel hinein. Etwa 5 Minuten garen. Beiseite stellen.

5. Sie können nun eine große Rührschüssel nehmen und die Hälfte, die Eier, den Pfeffer und das Salz hinzugeben. Verquirlen Sie alles gründlich, um es zu kombinieren.

6. Geben Sie den Feta-Käse und den gehackten Mozzarella-Käse hinein (reservieren Sie 1/2 Tasse Mozzarella-Käse für später).

7. Geben Sie die Eimischung und den vorbereiteten Spinat in die vorbereitete Glasauflaufform. Vermengen Sie alles gut miteinander. Beträufeln Sie den reservierten Käse darüber.

8. Backen Sie die Eiermischung etwa 45 Minuten lang.

9. Nehmen Sie die Auflaufform aus dem Ofen und lassen Sie sie 10 Minuten stehen.

10. Würfeln und servieren!

Ernährung:
Kalorien: 323 Kalorien pro Portion
Fett - 22,3 g

Eiweiß - 22,6 g
Kohlenhydrate - 7,9 g

Schnelle kohlenhydratarme Haferflocken

Zubereitungszeit: 10 Minuten
Kochzeit: 15 Minuten
Portionen: 2
Zutaten:

- Mandelmehl - 1/2 Tasse

- Flachsmehl - 2 Esslöffel

- Zimt (gemahlen) - 1 Teelöffel

- Mandelmilch (ungesüßt) - 11/2 Tassen

- Salz - je nach Geschmack

- Chia Samen - 2 Esslöffel

- Flüssiges Stevia - 10 - 15 Tropfen

- Vanilleextrakt - 1 Teelöffel

Wegbeschreibung:

1. Nehmen Sie zunächst eine große Rührschüssel und geben Sie das Kokosmehl, Mandelmehl, gemahlenen Zimt, Leinsamenpulver und

Chiasamen hinein. Gut mischen, um sie zu kombinieren.

2. Stellen Sie einen Suppentopf auf niedrige Hitze und geben Sie die trockenen Zutaten hinein. Geben Sie auch das flüssige Stevia, den Vanilleextrakt und die Mandelmilch hinzu. Gut mischen, um sie zu kombinieren.

3. Bereiten Sie das Mehl und die Mandelmilch etwa 4 Minuten lang zu. Fügen Sie bei Bedarf Salz hinzu.

4. Geben Sie die Haferflocken in eine Servierschüssel und belegen Sie sie mit Nüssen, Samen und reinen, sauberen Beeren.

Ernährung:
Kalorien: Kalorien pro Portion
Eiweiß - 11,7 g
Fett - 24,3 g
Kohlenhydrate - 16,7 g

Tofu und Gemüse-Rührei

Zubereitungszeit: 10 Minuten
Kochzeit: 15 Minuten
Portionen: 2
Zutaten:

- Fester Tofu (abgetropft) - 16 Unzen

- Meersalz - 1/2 Teelöffel

- Knoblauchpulver - 1 Teelöffel

- Frischer Koriander - zum Garnieren

- Rote Zwiebel - 1/2 Medium

- Kreuzkümmel Pulver - 1 Teelöffel

- Zitronensaft - für das Topping

- Grüne Paprika - 1 Medium

- Knoblauchpulver - 1 Teelöffel

- Frischer Koriander - zum Garnieren

- Rote Zwiebel - 1/2 Medium

- Kreuzkümmel Pulver - 1 Teelöffel

- Zitronensaft - für das Topping

Wegbeschreibung:

1. Beginnen Sie mit der Vorbereitung der Zutaten. Dazu müssen Sie die Kerne der Tomate und der grünen Paprika entfernen. Zerkleinern Sie die Zwiebel, die Paprika und die Tomate in kleine Würfel.

2. Nehmen Sie eine kleine Rührschüssel und legen Sie den ziemlich harten Tofu hinein. Benutzen Sie Ihre Hände, um den ziemlich harten Tofu zu zerkleinern. Beiseite stellen.

3. Nehmen Sie eine antihaftbeschichtete Pfanne und geben Sie die Zwiebel, die Tomate und die Paprika hinein. Mischen und etwa 3 Minuten lang kochen.

4. Geben Sie den etwas hart zerbröselten Tofu in die Pfanne und vermengen Sie ihn gut.

5. Nehmen Sie eine kleine Schüssel und geben Sie das Wasser, Kurkuma, Knoblauchpulver, Kreuzkümmelpulver und Chilipulver hinein. Gut vermengen und über die Tofu-Gemüse-Mischung laufen lassen.

6. Lassen Sie den Tofu und die Gemüsekrümel mit den Gewürzen 5 Minuten kochen. Ständig umrühren, damit die Pfanne die Zutaten nicht festhält.

Beträufeln Sie das Tofu-Rührei mit Chiliflocken und Salz. Gut verrühren.

7. Geben Sie das vorbereitete Rührei in eine Servierschüssel und besprühen Sie es ordentlich mit Zitronensaft.

8. Zum Schluss garnieren Sie mit reinem und sauberem Koriander. Heiß servieren!

Nährwertangaben:
Kalorien: 238 Kalorien pro Portion
Kohlenhydrate - 16,6 g
Fett - 11 g

Frühstücks-Smoothie-Bowl mit frischen

Beeren

Zubereitungszeit: 10 Minuten
Kochzeit: 5 Minuten
Portionen: 2
Zutaten:

- Mandelmilch (ungesüßt) - 1/2 Tasse

- Flohsamenschalenpulver - 1/2 Teelöffel

- Erdbeeren (zerkleinert) - 2 Unzen

- Kokosnussöl - 1 Esslöffel

- Zerstoßenes Eis - 3 Tassen

- Flüssiges Stevia - 5 bis 10 Tropfen

- Erbsenproteinpulver - 1/3 Tasse

Wegbeschreibung:

1. Nehmen Sie zunächst einen Mixer und geben Sie
   die zerstoßenen Eiswürfel hinein. Lassen Sie sie
   etwa 30 Sekunden lang ruhen.

2. Geben Sie dann die Mandelmilch, die zerkleinerten
   Erdbeeren, das Erbsenproteinpulver, das
   Flohsamenschalenpulver, das Kokosnussöl und das
   flüssige Stevia hinein. Gut pürieren, bis ein glattes
   und cremiges Püree entsteht.

3. Leeren Sie den vorbereiteten Smoothie in 2 Gläser.

4. Mit Kokosflocken und pürierten, sauberen Erdbeeren belegen.

Ernährung:
Kalorien: 166 Kalorien pro Portion
Fett - 9,2 g
Kohlenhydrate - 4,1 g
Eiweiß - 17,6 g

Chia und Kokosnuss Pudding

Zubereitungszeit: 10 Minuten
Kochzeit: 5 Minuten
Portionen: 2
Zutaten:

- Leichte Kokosnussmilch - 7 Unzen

- Flüssiges Stevia - 3 bis 4 Tropfen

- Kiwi - 1

- Chia Samen - ¼ Tasse

- Klementine - 1

- Kokosraspeln (ungesüßt)

Wegbeschreibung:

1. Nehmen Sie zunächst eine Rührschüssel und geben Sie die helle Kokosmilch hinein. Geben Sie das flüssige Stevia hinein, um die Milch zu süßen. Gut verrühren.

2. Geben Sie die Chiasamen in die Milch und verquirlen Sie sie, bis sie gut miteinander verbunden sind. Beiseite stellen.

3. Schaben Sie die Clementine und ziehen Sie vorsichtig die Haut von den Keilen ab. Beiseite legen.

4. Schaben Sie außerdem die Kiwi und würfeln Sie sie in kleine Stücke.

5. Nehmen Sie ein Glasgefäß und sammeln Sie den Pudding. Legen Sie dazu die Früchte auf den Boden des Glases; geben Sie dann einen Klecks Chia-Pudding. Dann die Früchte besprühen und dann eine weitere Schicht Chia-Pudding auftragen.

6. Zum Schluss mit den restlichen Früchten und Kokosraspeln garnieren.

Ernährung:
Kalorien: 201 Kalorien pro Portion
Eiweiß - 5,4 g
Fett - 10 g
Kohlenhydrate - 22,8 g

Tomaten-Zucchini-Sauté

Zubereitungszeit: 10 Minuten
Kochzeit: 43 Minuten
Portionen: 6
Zutaten:

- Pflanzenöl - 1 Esslöffel

- Tomaten (gehackt) - 2

- Grüne Paprika (gehackt) - 1

- Schwarzer Pfeffer (frisch gemahlen) - nach Geschmack

- Zwiebel (in Scheiben geschnitten) - 1

- Zucchini (geschält) - 2 Pfund und in 1-Zoll-dicke Scheiben geschnitten

- Salz - je nach Geschmack

- Ungekochter weißer Reis - ¼ Tasse

Wegbeschreibung:
1. Nehmen Sie zunächst eine antihaftbeschichtete Pfanne und stellen Sie sie auf niedrige Hitze. Geben Sie das Öl hinein und lassen Sie es durchwärmen.

Die Zwiebeln dazugeben und ca. 3 Minuten anbraten.

2. Geben Sie dann die Zucchini und die grüne Paprika hinzu. Gut mischen und mit schwarzem Pfeffer und Salz würzen.

3. Reduzieren Sie die Hitze und decken Sie die Pfanne mit einem Deckel ab. Lassen Sie das Gemüse 5 Minuten lang auf niedriger Stufe kochen.

4. Geben Sie währenddessen das Wasser und den Reis hinein. Setzen Sie den Deckel wieder auf und kochen Sie auf niedriger Stufe für 20 Minuten.

Ernährung:
Kalorien: 94 Kalorien pro Portion
Fett - 2,8 g
Eiweiß - 3,2 g
Kohlenhydrate - 16,1 g

Gedünsteter Grünkohl mit mediterranem Dressing

Zubereitungszeit: 10 Minuten
Kochzeit: 25 Minuten
Portionen: 6
Zutaten:

- Grünkohl (gehackt) - 12 Tassen

- Olivenöl - 1 Esslöffel

- Sojasauce - 1 Teelöffel

- Pfeffer (frisch gemahlen) - nach Geschmack

- Zitronensaft - 2 Esslöffel

- Knoblauch (gehackt) - 1 Esslöffel

- Salz - je nach Geschmack

Wegbeschreibung:

1. Holen Sie einen Gasdampfer oder einen elektrischen Dampfer und füllen Sie die Bodenwanne mit Wasser. Wenn Sie einen Gasdampfer verwenden, stellen Sie ihn auf hohe Hitze. Wenn Sie einen elektrischen Dampfgarer verwenden, stellen Sie ihn auf die höchste Stufe.

2. Sobald das Wasser kocht, den zerkleinerten Grünkohl hineingeben und mit einem Deckel

abdecken. Etwa 8 Minuten kochen lassen. Der Grünkohl sollte jetzt weich sein.

3. Während der Grünkohl kocht, nehmen Sie eine große Rührschüssel und geben Sie das Olivenöl, den Zitronensaft, die Sojasauce, den Knoblauch, den Pfeffer und das Salz hinein. Verquirlen Sie die Zutaten gut, um sie zu vermischen.

4. Schwenken Sie nun den gedämpften Grünkohl und geben Sie ihn vorsichtig in das Dressing. Achten Sie darauf, dass der Grünkohl gut umhüllt ist.

5. Servieren Sie es, solange es noch heiß ist!

Ernährung:
Kalorien: 91 Kalorien pro Portion
Fett - 3,5 g
Eiweiß - 4,6 g
Kohlenhydrate - 14,5 g

Gesunde Karotten-Muffins

Zubereitungszeit: 10 Minuten
Kochzeit: 40 Minuten
Portionen: 8
Zutaten:
Trockene Zutaten

- Tapiokastärke - ¼ Tasse

- Backpulver - 1 Teelöffel

- Zimt - 1 Esslöffel

- Nelken - ¼ Teelöffel

- Nasse Zutaten

- Vanilleextrakt - 1 Teelöffel

- Wasser - 11/2 Tassen

- Karotten (geschreddert) - 11/2 Tassen

- Mandelmehl - 1¾ Tassen

- Granulierter Süßstoff der Wahl - 1/2 Tasse

- Backpulver - 1 Teelöffel

- Muskatnuss - 1 Teelöffel

- Salz - 1 Teelöffel

- Kokosnussöl - 1/3 Tasse

- Flachsmehl - 4 Esslöffel

- Banane (püriert) - 1 Medium

Wegbeschreibung:

1. Heizen Sie zunächst den Ofen auf 350 F auf.

2. Nehmen Sie ein Muffinblech und legen Sie Papierförmchen in alle Formen. Beiseite stellen.

3. Nehmen Sie eine kleine Glasschüssel und geben Sie eine halbe Tasse Wasser und Flachsmehl hinein. Lassen Sie dies etwa 5 Minuten lang ruhen. Ihr Flachs-Ei ist vorbereitet.

4. Nehmen Sie eine große Rührschüssel und geben Sie Mandelmehl, Tapiokastärke, Kristallzucker, Natron, Backpulver, Zimt, Muskatnuss, Nelken und Salz hinein. Gut mischen, um alles zu kombinieren.

5. Formen Sie eine Vertiefung in der Mitte der Mehlmischung und geben Sie das Kokosnussöl, den Vanilleextrakt und das Leinenei hinein. Gut mischen, um einen breiigen Teig zu erhalten.

Geben Sie dann die gehackten Karotten und die zerdrückte Banane hinein. Mischen Sie, bis alles gut vermischt ist.

6. Verwenden Sie einen Löffel, um eine gleiche Menge der Mischung in 8 Muffinförmchen zu schöpfen.

7. Stellen Sie das Muffinblech in den Ofen und lassen Sie es ca. 40 Minuten backen.

8. Nehmen Sie das Blech aus der Mikrowelle und lassen Sie die Muffins ca. 10 Minuten stehen.

9. Nehmen Sie die Muffinformen aus dem Blech und lassen Sie sie abkühlen, bis sie zimmerwarm und kalt sind.

10. Servieren und genießen!

Ernährung:
Kalorien: 189 Kalorien pro Portion
Fett - 13,9 g
Eiweiß - 3,8 g
Kohlenhydrate - 17,3 g

Gemüse Nudeln Stir-Fry

Zubereitungszeit: 10 Minuten
Kochzeit: 40 Minuten
Portionen: 4
Zutaten:

- Weiße Süßkartoffel - 1 Pfund

- Zucchini - 8 Unzen

- Knoblauchzehen (fein gehackt) - 2 große

- Gemüsebrühe - 2 Esslöffel

- Salz - je nach Geschmack

- Karotten - 8 Unzen

- Schalotte (fein gehackt) - 1

- Rote Chili (fein gehackt) - 1

- Olivenöl - 1 Esslöffel

- Pfeffer - je nach Geschmack

Wegbeschreibung:
1. Beginnen Sie damit, die Karotten und die
   Süßkartoffel zu schaben. Verwenden Sie einen

Spiralisierer, um aus der Süßkartoffel und den Karotten Nudeln zu machen.

2. Spülen Sie die Zucchini gründlich ab und spiralisieren Sie sie ebenfalls.

3. Nehmen Sie eine große Pfanne und stellen Sie sie auf eine hohe Flamme. Füllen Sie die Gemüsebrühe ein und lassen Sie sie zum Kochen kommen.

4. Werfen Sie die spiralisierte Süßkartoffel und die Karotten hinein. Dann die Chili, den Knoblauch und die Schalotten hinzugeben. Alles mit einer Zange umrühren und einige Minuten kochen.

5. Geben Sie die Gemüsenudeln auf eine Servierplatte und würzen Sie großzügig mit Pfeffer und Salz.

6. Zum Schluss Olivenöl über die Nudeln träufeln. Noch heiß servieren!

Ernährung:
Kalorien: 169 Kalorien pro Portion
Fett - 3,7 g
Eiweiß - 3,6 g
Kohlenhydrate - 31,2 g

Beeren-Hafer-Frühstücksriegel

Zubereitungszeit: 10 Minuten
Kochzeit: 25 Minuten
Portionen: 12
Zutaten:

- 2 Tassen frische Himbeeren oder Heidelbeeren

- 2 Esslöffel Zucker

- 2 Esslöffel frisch gepresster Zitronensaft

- 1 Esslöffel Speisestärke

- 11/2 Tassen Haferflocken

- 1/2 Tasse Weizenvollkornmehl

- 1/2 Tasse Walnüsse

- ¼ Tasse Chiasamen

- ¼ Tasse kaltgepresstes Olivenöl

- ¼ Tasse Honig

- 1 großes Ei

Wegbeschreibung:
1. Heizen Sie den Ofen auf 350f vor.
2. In einem kleinen Topf bei mittlerer Hitze die Beeren, den Zucker, den Zitronensaft und die Speisestärke zusammenrühren. Zum Köcheln bringen. Reduzieren Sie die Hitze und köcheln Sie 2 bis 3 Minuten, bis die Mischung eindickt.

3. Kombinieren Sie Haferflocken, Mehl, Walnüsse und Chiasamen in einer Küchenmaschine oder einem Hochgeschwindigkeitsmixer. Verarbeiten Sie sie, bis sie pulverisiert sind. Fügen Sie das Olivenöl, den Honig und das Ei hinzu. Noch ein paar Mal pulsieren, bis alles gut vermischt ist. Drücken Sie die Hälfte der Mischung in eine quadratische Auflaufform (9 Zoll).

4. Verteilen Sie die Beerenfüllung über die Hafermischung. Die restliche Hafermischung auf die Beeren geben. 25 Minuten backen, bis sie gebräunt sind.

5. Vollständig abkühlen lassen, in 12 Stücke schneiden und servieren. In einem abgedeckten Behälter bis zu 5 Tage aufbewahren.

Nährwerte: Kalorien: 201; Gesamtfett: 10g; gesättigtes Fett: 1g; Protein: 5g; Kohlenhydrate: 26g; Zucker: 9g; Ballaststoffe: 5g; Cholesterin: 16mg; Natrium: 8mg

30 Minuten oder weniger - nussfrei - vegetarisch

Frühstückskekse aus Vollkorn

Zubereitungszeit: 20 Minuten
Kochzeit: 10 Minuten
Portionen: 18 Kekse
Zutaten:

- 2 Tassen Haferflocken

- 1/2 Tasse Weizenvollkornmehl

- ¼ Tasse gemahlener Leinsamen

- 1 Teelöffel Backpulver

- 1 Tasse ungesüßtes Apfelmus

- 2 große Eier

- 2 Esslöffel Pflanzenöl

- 2 Teelöffel Vanilleextrakt

- 1 Teelöffel gemahlener Zimt

- 1/2 Tasse getrocknete Kirschen

- ¼ Tasse ungesüßte Kokosnussraspeln

- 2 Unzen dunkle Schokolade, gehackt

Wegbeschreibung:
1. Heizen Sie den Ofen auf 350f vor.
2. Vermengen Sie in einer großen Schüssel Haferflocken, Mehl, Leinsamen und Backpulver. Gut umrühren, um sie zu vermischen.

3. Verquirlen Sie in einer mittelgroßen Schüssel das Apfelmus, die Eier, das Pflanzenöl, die Vanille und den Zimt. Gießen Sie die feuchte Mischung in die trockene Mischung und rühren Sie, bis alles gut vermischt ist.

4. Die Kirschen, die Kokosnuss und die Schokolade unterheben. Esslöffelgroße Kugeln aus dem Teig auf ein Backblech geben. 10 bis 12 Minuten backen, bis sie gebräunt und durchgebacken sind.

5. Etwa 3 Minuten abkühlen lassen, vom Backblech nehmen und vor dem Servieren vollständig abkühlen lassen. In einem luftdichten Behälter bis zu 1 Woche aufbewahren.

Ernährung: Kalorien: 136; Gesamtfett: 7g; gesättigtes Fett: 3g; Protein: 4g; Kohlenhydrate: 14g; Zucker: 4g; Ballaststoffe: 3g; Cholesterin: 21mg; Natrium: 11mg

Heidelbeer-Frühstückskuchen

Zubereitungszeit: 15 Minuten
Kochzeit: 45 Minuten
Portionen: 12
Zutaten:
Für den Belag

- ¼ Tasse fein gehackte Walnüsse

- 1/2 Teelöffel gemahlener Zimt

- 2 Esslöffel Butter, in kleine Stücke gehackt

- 2 Esslöffel Zucker

Für den Kuchen

- Antihaft-Kochspray

- 1 Tasse Vollkorn-Teigmehl

- 1 Tasse Hafermehl

- ¼ Tasse Zucker

- 2 Teelöffel Backpulver

- 1 großes Ei, verquirlt

- 1/2 Tasse Magermilch

- 2 Esslöffel Butter, geschmolzen

- 1 Teelöffel geriebene Zitronenschale

- 2 Tassen frische oder gefrorene Heidelbeeren

Wegbeschreibung:
So machen Sie den Belag

Rühren Sie in einer kleinen Schüssel Walnüsse, Zimt, Butter und Zucker zusammen. Beiseite stellen.

So stellen Sie den Kuchen her

1. Heizen Sie den Ofen auf 350 Grad vor. Besprühen Sie eine quadratische 9-Zoll-Pfanne mit Kochspray. Beiseite stellen.

2. Rühren Sie in einer großen Schüssel das Backmehl, das Hafermehl, den Zucker und das Backpulver zusammen.

3. Das Ei, die Milch, die Butter und die Zitronenschale hinzufügen und rühren, bis keine trockenen Stellen mehr vorhanden sind.

4. Die Blaubeeren einrühren und vorsichtig mischen, bis sie eingearbeitet sind. Drücken Sie den Teig in die vorbereitete Form, indem Sie ihn mit einem Löffel in die Form drücken.

5. Streuen Sie den Belag über den Kuchen.

6. Backen Sie 40 bis 45 Minuten, bis ein in den Kuchen gesteckter Zahnstocher sauber herauskommt, und servieren Sie ihn.

Ernährung: Kalorien: 177; Gesamtfett: 7g; gesättigtes Fett: 3g; Protein: 4g; Kohlenhydrate: 26g; Zucker: 9g; Ballaststoffe: 3g; Cholesterin: 26mg; Natrium: 39mg

Vollkorn-Pfannkuchen

Zubereitungszeit: 10 Minuten
Kochzeit: 15 Minuten
Portionen: 4 bis 6
Zutaten:

- 2 Tassen Vollkorngebäckmehl

- 4 Teelöffel Backpulver

- 2 Teelöffel gemahlener Zimt

- 1/2 Teelöffel Salz

- 2 Tassen Magermilch, plus mehr nach Bedarf

- 2 große Eier

- 1 Esslöffel Honig

- Antihaft-Kochspray

- Ahornsirup, zum Servieren

- Frisches Obst, zum Servieren

Wegbeschreibung:
1. Rühren Sie in einer großen Schüssel Mehl, Backpulver, Zimt und Salz zusammen.
2. Fügen Sie die Milch, die Eier und den Honig hinzu und rühren Sie gut, um sie zu kombinieren. Fügen Sie bei Bedarf jeweils 1 Esslöffel Milch hinzu, bis keine trockenen Stellen mehr vorhanden sind und Sie einen gießbaren Teig haben.
3. Erhitzen Sie eine große Bratpfanne bei mittlerer Hitze und besprühen Sie sie mit Kochspray.

4. Verwenden Sie einen ¼-Tassen-Messbecher und geben Sie jeweils 2 oder 3 Pfannkuchen in die Bratpfanne. Braten Sie die Pfannkuchen ein paar Minuten lang, bis sich Blasen an der Oberfläche bilden, drehen Sie sie um und braten Sie sie weitere 1 bis 2 Minuten, bis sie goldbraun und durchgebraten sind. Wiederholen Sie den Vorgang mit dem restlichen Teig.
5. Mit Ahornsirup oder frischem Obst garniert servieren.
Ernährung: Kalorien: 392; Gesamtfett: 4g; gesättigtes Fett: 1g; Protein: 15g; Kohlenhydrate: 71g; Zucker: 11g; Ballaststoffe: 9g; Cholesterin: 95mg; Natrium: 396mg

Frühstücksschüssel aus Buchweizenmehl

Zubereitungszeit: 5 Minuten, plus über Nacht zum
Einweichen
Garzeit: 10 bis 12 Minuten
Portionen: 4
Zutaten:

- 3 Tassen Magermilch

- 1 Tasse Buchweizengrütze

- ¼ Tasse Chiasamen

- 2 Teelöffel Vanilleextrakt

- 1/2 Teelöffel gemahlener Zimt

- Prise Salz

- 1 Tasse Wasser

- 1/2 Tasse ungesalzene Pistazien

- 2 Tassen geschnittene frische Erdbeeren

- ¼ Tasse Kakao-Nibs (optional)

Wegbeschreibung:
1. In einer großen Schüssel Milch, Grütze, Chiasamen, Vanille,
Zimt und Salz verrühren. Abdecken und über Nacht in den
Kühlschrank stellen.
2. Am nächsten Morgen geben Sie die eingeweichte Mischung
in einen mittelgroßen Topf und fügen das Wasser hinzu.
Bringen Sie die Mischung bei mittlerer Hitze zum Kochen,
reduzieren Sie die Hitze, um sie köcheln zu lassen, und
kochen Sie sie 10 bis 12 Minuten, bis der Buchweizen weich
und eingedickt ist.

3. In Schalen umfüllen und mit Pistazien, Erdbeeren und Kakaonibs (falls verwendet) garniert servieren.
Ernährung: Kalorien: 340; Gesamtfett: 8g; gesättigtes Fett: 1g; Protein: 15g; Kohlenhydrate: 52g; Zucker: 14g; Ballaststoffe: 10g; Cholesterin: 4mg; Natrium: 140mg

Pfirsich-Müsli-Auflauf

Zubereitungszeit: 10 Minuten
Kochzeit: 40 Minuten
Portionen: 8
Zutaten:

- Antihaft-Kochspray

- 2 Tassen Magermilch

- 11/2 Tassen Haferflocken

- 1/2 Tasse gehackte Walnüsse

- 1 großes Ei

- 2 Esslöffel Ahornsirup

- 1 Teelöffel gemahlener Zimt

- 1 Teelöffel Backpulver

- 1/2 Teelöffel Salz

- 2 bis 3 Pfirsiche, in Scheiben geschnitten

Wegbeschreibung:
1. Heizen Sie den Ofen auf 375 Grad vor. Besprühen Sie eine quadratische Auflaufform (9 Zoll) mit Kochspray. Beiseite stellen.

2. Rühren Sie in einer großen Schüssel Milch, Haferflocken, Walnüsse, Ei, Ahornsirup, Zimt, Backpulver und Salz zusammen. Verteilen Sie die Hälfte der Mischung in der vorbereiteten Auflaufform.

3. Legen Sie die Hälfte der Pfirsiche in einer einzigen Schicht über die Hafermischung.

4. Verteilen Sie die restliche Hafermischung darüber. Fügen Sie die restlichen Pfirsiche in einer dünnen Schicht über die Haferflocken hinzu. 35 bis 40 Minuten lang zugedeckt backen, bis die Masse eingedickt und gebräunt ist.

5. In 8 Quadrate schneiden und warm servieren.

Ernährung: Kalorien: 138; Gesamtfett: 3g; gesättigtes Fett: 1g; Protein: 6g; Kohlenhydrate: 22g; Zucker: 10g; Ballaststoffe: 3g; Cholesterin: 24mg; Natrium: 191mg

Schüssel mit Haferflocken aus Stahl mit Obst und Nüssen

Zubereitungszeit: 5 Minuten
Kochzeit: 20 Minuten
Portionen: 4
Zutaten:

- 1 Tasse Stahl-Haferflocken

- 2 Tassen Mandelmilch

- ¾ Tasse Wasser

- 1 Teelöffel gemahlener Zimt

- ¼ Teelöffel Salz

- 2 Tassen gehacktes frisches Obst, z. B. Heidelbeeren, Erdbeeren, Himbeeren oder Pfirsiche

- 1/2 Tasse gehackte Walnüsse

- ¼ Tasse Chiasamen

Wegbeschreibung:
1. Vermengen Sie in einem mittelgroßen Topf bei mittlerer bis hoher Hitze Haferflocken, Mandelmilch, Wasser, Zimt und Salz. Zum Kochen bringen, die Hitze auf niedrig reduzieren und 15 bis 20 Minuten köcheln lassen, bis die Haferflocken aufgeweicht und eingedickt sind.
2. Füllen Sie jede Schüssel vor dem Servieren mit 1/2 Tasse frischem Obst, 2 Esslöffeln Walnüssen und 1 Esslöffel Chiasamen.
Nährwerte: Kalorien: 288; Gesamtfett: 11g; gesättigtes Fett: 1g; Protein: 10g; Kohlenhydrate: 38g; Zucker: 7g; Ballaststoffe: 10g; Cholesterin: 0mg; Natrium: 329mg

---

Holländischer Vollkorn-Baby-Pfannkuchen

Zubereitungszeit: 5 Minuten
Kochzeit: 25 Minuten
Portionen: 4
Zutaten:

- 2 Esslöffel Kokosnussöl

- 1/2 Tasse Weizenvollkornmehl

- ¼ Tasse Magermilch

- 3 große Eier

- 1 Teelöffel Vanilleextrakt

- 1/2 Teelöffel Backpulver

- ¼ Teelöffel Salz

- ¼ Teelöffel gemahlener Zimt

- Puderzucker, zum Bestäuben

Wegbeschreibung:
1. Heizen Sie den Ofen auf 400f vor.
2. Geben Sie das Kokosöl in eine mittelgroße, ofenfeste Pfanne und stellen Sie die Pfanne in den Ofen, um das Öl zu schmelzen, während sie vorheizt.
3. Mehl, Milch, Eier, Vanille, Backpulver, Salz und Zimt in einem Mixer vermengen. Verarbeiten Sie die Masse, bis sie glatt ist.
4. Nehmen Sie die Pfanne vorsichtig aus dem Ofen und kippen Sie sie, um das Öl gleichmäßig zu verteilen.
5. Gießen Sie den Teig in die Pfanne und schieben Sie sie für 23 bis 25 Minuten in den Ofen, bis der Pfannkuchen aufgeht und leicht gebräunt ist.

6. Herausnehmen, leicht mit Puderzucker bestäuben, in 4
Keile schneiden und servieren.

Ernährung: Kalorien: 195; Gesamtfett: 11g; gesättigtes Fett: 7g;
Protein: 8g; Kohlenhydrate: 16g; Zucker: 1g; Ballaststoffe: 2g;
Cholesterin: 140mg; Natrium: 209mg

Frittata mit Pilzen, Zucchini und Zwiebeln

Zubereitungszeit: 10 Minuten
Kochzeit: 20 Minuten
Portionen: 4
Zutaten:

- 1 Esslöffel kaltgepresstes Olivenöl

- 1/2 Zwiebel, gehackt

- 1 mittelgroße Zucchini, gewürfelt

- 11/2 Tassen geschnittene Champignons

- 6 große Eier, verquirlt

- 2 Esslöffel Magermilch

- Salz

- Frisch gemahlener schwarzer Pfeffer

- 1 Unze Feta-Käse, zerbröckelt

Wegbeschreibung:
1. Heizen Sie den Ofen auf 400f vor.
2. Erhitzen Sie das Olivenöl in einer mittelgroßen, ofenfesten Pfanne bei mittlerer bis hoher Hitze.
3. Fügen Sie die Zwiebel hinzu und dünsten Sie sie 3 bis 5 Minuten lang, bis sie glasig ist.
4. Fügen Sie die Zucchini und Pilze hinzu und kochen Sie weitere 3 bis 5 Minuten, bis das Gemüse weich ist.
5. Verquirlen Sie in der Zwischenzeit in einer kleinen Schüssel die Eier, die Milch, das Salz und den Pfeffer. Gießen Sie die Mischung in die Pfanne, verrühren Sie sie und stellen Sie die Pfanne in den Ofen. Kochen Sie 7 bis 9 Minuten, bis die Masse fest ist.
6. Mit dem Fetakäse bestreuen und weitere 1 bis 2 Minuten garen, bis er durch ist.

7. Herausnehmen, in 4 Keile schneiden und servieren.
Ernährung: Kalorien: 178; Gesamtfett: 13g; gesättigtes Fett: 4g;
Protein: 12g; Kohlenhydrate: 5g; Zucker: 3g; Ballaststoffe: 1g;
Cholesterin: 285mg; Natrium: 234mg

Spinat-Käse-Quiche

Zubereitungszeit: 10 Minuten, plus 10 Minuten zum Ruhen
Kochzeit: 50 Minuten
Portionen: 4 bis 6
Zutaten:

- Antihaft-Kochspray

- 8 Unzen Yukon-Gold-Kartoffeln, geraspelt

- 1 Esslöffel plus 2 Teelöffel kaltgepresstes Olivenöl, geteilt

- 1 Teelöffel Salz, geteilt

- Frisch gemahlener schwarzer Pfeffer

- 1 Zwiebel, fein gewürfelt

- 1 (10-ounce) Beutel frischer Spinat

- 4 große Eier

- 1/2 Tasse Magermilch

- 1 Unze Gruyère-Käse, geraspelt

Wegbeschreibung:
1. Heizen Sie den Ofen auf 350 Grad vor. Sprühen Sie eine 9-Zoll-Kuchenform mit Kochspray ein. Beiseite stellen.
2. Schwenken Sie die Kartoffeln in einer kleinen Schüssel mit 2 Teelöffeln Olivenöl und 1/2 Teelöffel Salz und würzen Sie sie mit Pfeffer. Drücken Sie die Kartoffeln in den Boden und die Seiten der Pie-Form, um eine dünne, gleichmäßige Schicht zu bilden. 20 Minuten backen, bis sie goldbraun sind. Aus dem Ofen nehmen und zum Abkühlen beiseite stellen.
3. Erhitzen Sie den restlichen 1 Esslöffel Olivenöl in einer großen Pfanne bei mittlerer bis hoher Hitze.

4. Fügen Sie die Zwiebel hinzu und braten Sie sie 3 bis 5 Minuten lang an, bis sie weich ist.

5. Fügen Sie den Spinat handvollweise hinzu und rühren Sie zwischen den einzelnen Zugaben, bis er gerade anfängt zu welken, bevor Sie mehr hinzufügen. Etwa 1 Minute lang kochen, bis er eingekocht ist.

6. Verquirlen Sie in einer mittelgroßen Schüssel die Eier und die Milch. Fügen Sie den Greyerzer hinzu, und würzen Sie mit dem restlichen 1/2 Teelöffel Salz und etwas Pfeffer. Heben Sie die Eier unter den Spinat. Gießen Sie die Mischung in die Kuchenform und backen Sie sie 25 Minuten lang, bis die Eier fest sind.

7. Vor dem Servieren 10 Minuten ruhen lassen.

Ernährung: Kalorien: 445; Gesamtfett: 14g; gesättigtes Fett: 4g; Protein: 19g; Kohlenhydrate: 68g; Zucker: 6g; Ballaststoffe: 7g; Cholesterin: 193mg; Natrium: 773mg

Mittagessen

Zitronige Lachs-Burger

Zubereitungszeit: 10 Minuten
Kochzeit: 10 Minuten
Portionen: 4
Inhaltsstoffe

- 2 (3 Unzen) Dosen rosa Lachs ohne Knochen und ohne Haut
- 1/4 Tasse Panko-Paniermehl
- 4 Teelöffel Zitronensaft
- 1/4 Tasse rote Paprika
- 1/4 Tasse zuckerfreier Joghurt
- 1 Ei
- 2 (1,5 oz) getoastete Vollkorn-Hamburgerbrötchen

Wegbeschreibung

1. Abgetropften und geflockten Lachs, fein gehackte Paprika und Panko-Paniermehl mischen.

2. 2 EL Tasse zuckerfreien Joghurt, 3 TL frischen Zitronensaft und Ei in einer Schüssel verrühren. Mischung zu 2 (3-Zoll) Patties formen, in der Pfanne bei mittlerer Hitze 4 bis 5 Minuten pro Seite backen.

3. 2 EL zuckerfreien Joghurt und 1 TL Zitronensaft verrühren; auf den unteren Brötchenhälften verteilen.

4. Jeweils 1 Patty darauflegen und mit den Brötchen abdecken.

Dieses Gericht ist sehr köstlich!

Ernährung:

Kalorien 131 / Eiweiß 12 / Fett 1 g / Kohlenhydrate 19 g

Caprese Truthahn-Burger

Zubereitungszeit 10 Minuten
Kochzeit: 10 Minuten
Portionen: 4
Inhaltsstoffe

- 1/2 Pfund 93% mageres Putenfleisch
- 2 (1,5-oz) Vollkorn-Hamburgerbrötchen (getoastet)
- 1/4 Tasse geschredderter Mozzarella-Käse (teilentrahmt)
- 1 Ei
- 1 große Tomate
- 1 kleine Knoblauchzehe
- 4 große Basilikumblätter
- 1/8 Teelöffel Salz
- 1/8 Teelöffel Pfeffer

Wegbeschreibung

1. Kombinieren Sie Truthahn, Eiweiß, gehackten Knoblauch, Salz und Pfeffer (mischen, bis alles gut vermischt ist);

2. Zu 2 Koteletts formen. Koteletts in eine Pfanne legen; 5 bis 7 Minuten pro Seite braten.

3. Die Schnitzel am Ende der Garzeit ordentlich mit Käse und Tomatenscheiben belegen.

4. Legen Sie jeweils 1 Schnitzel auf den Boden eines Brötchens.

5. Jedes Patty mit 2 Basilikumblättern belegen. Mit

Brötchenaufsätzen abdecken.

Meine Gäste genießen dieses Gericht jedes Mal, wenn sie mein Haus besuchen.

Ernährung:

Kalorien 180 / Eiweiß 7 g / Fett 4 g / Kohlenhydrate 20 g

Nudelsalat

Zubereitungszeit: 15 Minuten
Kochzeit: 15 Minuten
Portionen: 4
Inhaltsstoffe

- 8 oz. Vollkornnudeln
- 2 Tomaten
- 1 (5 Unzen) Packung Frühlingsmischung
- 9 Scheiben Speck
- 1/3 Tasse Mayonnaise (fettreduziert)
- 1 Esslöffel Dijon-Senf
- 3 Esslöffel Apfelessig
- 1/4 Teelöffel Salz
- 1/2 Teelöffel Pfeffer

Wegbeschreibung

1. Nudeln kochen.

2. Gekühlte Nudeln, gehackte Tomaten und Frühlingsmischung in eine Schüssel geben.

3. Gekochten Speck über die Nudeln bröckeln.

4. Vermengen Sie Mayonnaise, Senf, Essig, Salz und Pfeffer in einer kleinen Schüssel.

5. Gießen Sie das Dressing über die Nudeln und rühren Sie, um sie zu überziehen.

Diabetes zu verstehen ist der erste Schritt zur Heilung.
Ernährung:
Kalorien 200 / Eiweiß 15 g / Fett 3 g / Kohlenhydrate 6 g

Salat mit Huhn, Erdbeeren und Avocado

Zubereitungszeit: 10 Minuten
Kochzeit: 5 Minuten

Inhaltsstoffe

- 1,5 Tassen Huhn (ohne Haut)
- 1/4 Tasse Mandeln
- 2 (5 Unzen) Päckchen Salatgrüns
- 1 (16-oz) Pkg. Erdbeeren
- 1 Avocado
- 1/4 Tasse grüne Zwiebel
- 1/4 Tasse Limettensaft
- 3 Esslöffel natives Olivenöl extra
- 2 Esslöffel Honig
- 1/4 Teelöffel Salz
- 1/4 Teelöffel Pfeffer

Wegbeschreibung

1. Toasten Sie die Mandeln, bis sie golden und duftend sind.

2. Mischen Sie Limettensaft, Öl, Honig, Salz und Pfeffer.

3. Mischen Sie das Grünzeug, die in Scheiben geschnittenen Erdbeeren, das Hähnchen, die gewürfelte Avocado, die in Scheiben geschnittene grüne Zwiebel und die in Scheiben geschnittenen

Mandeln; beträufeln Sie es mit dem Dressing. Zum

Überziehen schwenken.

Lecker!

Ernährung:

Kalorien 150 / Eiweiß 15 g / Fett 10 g / Kohlenhydrate 5 g

Zitronen-Thyme-Eier

Zubereitungszeit: 10 Minuten
Kochzeit: 5 Minuten
Portionen: 4
Inhaltsstoffe

- 7 große Eier
- 1/4 Tasse Mayonnaise (fettreduziert)
- 2 Teelöffel Zitronensaft
- 1 Teelöffel Dijon-Senf
- 1 Teelöffel gehackter frischer Thymian
- 1/8 Teelöffel Cayennepfeffer

Wegbeschreibung

1. Eier zum Kochen bringen.

2. Schälen und halbieren Sie jedes Ei der Länge nach.

3. Nehmen Sie das Eigelb in eine Schüssel. Mayonnaise, Zitronensaft, Senf, Thymian und Cayennepfeffer zu den Eigelben geben; pürieren, um sie zu vermischen. Füllen Sie die Eiweißhälften mit der Eigelbmischung.

4. Kühlen Sie sie bis zum Servieren.

Erfreuen Sie Ihre Familie mit einer köstlichen Mahlzeit.
Ernährung:
Kalorien 40 / Eiweiß 10 g / Fett 6 g / Kohlenhydrate 2 g

Spinatsalat mit Speck

Zubereitungszeit: 15 Minuten
Kochzeit: 0 Minuten
Portionen: 4
Inhaltsstoffe

- 8 Scheiben mittig geschnittener Speck
- 3 Esslöffel natives Olivenöl extra
- 1 (5 Unzen) Packung Babyspinat
- 1 Esslöffel Apfelessig
- 1 Teelöffel Dijon-Senf
- 1/2 Teelöffel Honig
- 1/4 Teelöffel Salz
- 1/2 Teelöffel Pfeffer

Wegbeschreibung

1. Mischen Sie Essig, Senf, Honig, Salz und Pfeffer in einer Schüssel.

2. Öl einrühren. Geben Sie den Spinat in eine Servierschüssel, beträufeln Sie ihn mit dem Dressing und schwenken Sie ihn, bis er bedeckt ist.

3. Mit gekochtem und zerbröseltem Speck bestreuen.

Ernährung:
Kalorien 110 / Eiweiß 6 g / Fett 2 g / Kohlenhydrate 1 g

Erbsen- und Kohlsuppe

Zubereitungszeit: 10 Minuten
Kochzeit: 50 Minuten
Portionen: 4
Inhaltsstoffe

- 1/2 Pkg. schwarzäugige Erbsen (16-oz)
- 1 Zwiebel
- 2 Möhren
- 1,5 Tassen Schinken (natriumarm)
- 1 (1 Pfund) Bund Blattkohl (geschnitten)
- 1 Esslöffel natives Olivenöl extra
- 2 Knoblauchzehen
- 1/2 Teelöffel schwarzer Pfeffer
- Scharfe Sauce

Wegbeschreibung

1. Gehackte Zwiebel und Karotten 10 Minuten kochen.

2. Erbsen, Schinkenwürfel, Mangold und gehackten Knoblauch hinzufügen. 5 Minuten kochen.

3. Brühe, 3 Tassen Wasser und Pfeffer hinzufügen. Zum Kochen bringen; 35 Minuten köcheln lassen, bei Bedarf Wasser hinzufügen.

Mit der Lieblingssauce servieren.
Ernährung:
Kalorien 86 / Eiweiß 15 g / Fett 2 g / Kohlenhydrate 9 g

Spanischer Eintopf

Zubereitungszeit: 10 Minuten
Kochzeit: 25 Minuten
Portionen: 4
Inhaltsstoffe

- 1.1/2 (12-oz) Pkg. geräucherte Hühnerwurstglieder
- 1 (5 Unzen) Packung Babyspinat
- 1 (15-oz) Dose Kichererbsen
- 1 (14,5 Unzen) Dose Tomaten mit Basilikum, Knoblauch und Oregano
- 1/2 Teelöffel geräucherter Paprika
- 1/2 Teelöffel Kreuzkümmel
- 3/4 Tasse Zwiebeln
- 1 Esslöffel natives Olivenöl extra

Wegbeschreibung

1. Braten Sie die in Scheiben geschnittene Wurst in heißem Öl, bis sie gebräunt ist. Aus dem Topf nehmen.

2. Gehackte Zwiebeln hinzufügen; kochen, bis sie weich sind.

3. Wurst, abgetropfte und abgespülte Kichererbsen, gewürfelte Tomaten, Paprika und gemahlenen Kreuzkümmel hinzufügen. 15 Minuten kochen.

4. Spinat hinzugeben; 1 bis 2 Minuten kochen.

Dieses Gericht ist ideal für jeden Tag und für eine festliche Tafel.
Ernährung:
Kalorien 200 / Eiweiß 10 g / Fett 20 g / Kohlenhydrate 1 g

Cremige Taco-Suppe

Zubereitungszeit: 10 Minuten
Kochzeit: 20 Minuten
Portionen: 4
Inhaltsstoffe

- 3/4 lb. Rinderhackfleisch
- 1/2 (8-oz) Frischkäse
- 1/2 Zwiebel
- 1 Knoblauchzehe
- 1 (10-oz) Dose Tomaten und grüne Chilis
- 1 (14,5 Unzen) Dose Rinderbrühe
- 1/4 Tasse Schlagsahne
- 1,5 Teelöffel Kreuzkümmel
- 1/2 Teelöffel Chilipulver

Wegbeschreibung

1. Rindfleisch, gehackte Zwiebel und gehackten Knoblauch kochen, bis das Fleisch gebräunt und krümelig ist; abtropfen lassen und zurück in den Topf geben.
2. Gemahlenen Kreuzkümmel, Chilipulver und in kleine Stücke geschnittenen, weichen Frischkäse hinzufügen und umrühren, bis der Käse geschmolzen ist.
3. Tomatenwürfel, Brühe und Sahne hinzugeben, zum Kochen bringen und 10 Minuten köcheln lassen. Mit Pfeffer und Salz abschmecken.

Sie müssen jemandem das Rezept für dieses Suppengericht geben!
Ernährung:
Kalorien 60 / Eiweiß 3 g / Fett 1 g / Kohlenhydrate 8 g

Hähnchen mit Caprese-Salsa

Zubereitungszeit: 15 Minuten
Kochzeit: 5 Minuten
Portionen: 4
Inhaltsstoffe

- 3/4 Pfund entbeinte, hautlose Hähnchenbrüste
- 2 große Tomaten
- 1/2 (8-oz) Kugel frischer Mozzarella-Käse
- 1/4 Tasse rote Zwiebel
- 2 Esslöffel frisches Basilikum
- 1 Esslöffel Balsamico-Essig
- 2 Esslöffel natives Olivenöl extra (geteilt)
- 1/2 Teelöffel Salz (geteilt)
- 1/4 Teelöffel Pfeffer (geteilt)

Wegbeschreibung

1. Das der Länge nach halbierte Hähnchen mit 1/4 TL Salz und 1/8 TL Pfeffer bestreuen.

2. 1 EL Olivenöl erhitzen, Hähnchen 5 Min. braten.

3. In der Zwischenzeit gehackte Tomaten, gewürfelten Käse, fein gehackte Zwiebel, gehacktes Basilikum, Essig, 1 EL Öl sowie 1/4 TL Salz und 1/8 TL Pfeffer mischen.

4. Löffeln Sie die Salsa über das Hähnchen.

Hähnchen mit Caprese-Salsa ist ein nahrhaftes, einfaches und sehr leckeres Gericht, das in wenigen Minuten zubereitet werden kann.

Ernährung:
Kalorien 210 / Eiweiß 28 g / Fett 17 g / Kohlenhydrate 0, 1 g

Balsamico-Röstung von Brokkoli

Zubereitungszeit: 10 Minuten
Kochzeit: 15 Minuten
Portionen: 4
Inhaltsstoffe

- 1 lb. Brokkoli
- 1 Esslöffel natives Olivenöl extra
- 1 Esslöffel Balsamico-Essig
- 1 Knoblauchzehe
- 1/8 Teelöffel Salz
- Pfeffern nach Geschmack

Wegbeschreibung

1. Heizen Sie den Ofen auf 450 F vor.

2. Kombinieren Sie Brokkoli, Olivenöl, Essig, gehackten Knoblauch, Salz und Pfeffer; schwenken Sie.

3. Brokkoli auf einem Backblech verteilen.

4. 12 bis 15 Minuten backen.

Wirklich gut!
Ernährung:
Kalorien 27 / Eiweiß 3 g / Fett 0, 3 g / Kohlenhydrate 4 g

Herzhafte Rindfleisch-Gemüse-Suppe

Zubereitungszeit: 10 Minuten

Kochzeit: 30 Minuten

Portionen: 4

Inhaltsstoffe

- 1/2 lb. mageres Rinderhackfleisch
- 2 Tassen Rinderbrühe
- 1,5 Esslöffel Pflanzenöl (geteilt)
- 1 Tasse grüne Paprika
- 1/2 Tasse rote Zwiebel
- 1 Tasse Grünkohl
- 1 Tasse gefrorenes gemischtes Gemüse
- 1/2 Dose Tomaten
- 1,5 Teelöffel Worcestershire-Sauce
- 1 kleines Lorbeerblatt
- 1,8 Tl. Pfeffer
- 2 Esslöffel Ketchup

Wegbeschreibung

1. Rindfleisch in 1/2 Esslöffel heißem Öl 2 Minuten braten.

2. Gehackte Paprika und gehackte Zwiebel einrühren; 4 Minuten kochen.

3. Gehackten Kohl, gemischtes Gemüse, gedünstete Tomaten, Brühe, Worcestershire-Sauce, Lorbeerblatt und Pfeffer hinzufügen; zum Kochen bringen.

4. Reduzieren Sie die Hitze auf mittlere Stufe; decken Sie sie ab und kochen Sie sie 15 Minuten lang.

5. Ketchup und 1 Esslöffel Öl unterrühren und vom Herd nehmen. 10 Minuten lang stehen lassen.

Die richtige Ernährung ist ein hervorragendes Mittel gegen Diabetes.

Ernährung:

Kalorien 170 / Eiweiß 17 g / Fett 8 g / Kohlenhydrate 3 g

Blumenkohl-Muffin

Zubereitungszeit: 15 Minuten
Kochzeit: 30 Minuten
Portionen: 4
Inhaltsstoffe

- 2,5 Tasse Blumenkohl
- 2/3 Tasse Schinken
- 2,5 Tassen Käse
- 2/3 Tasse Champignon
- 1,5 Esslöffel Leinsamen
- 3 Eier
- 1/4 Teelöffel Salz
- 1/8 Teelöffel Pfeffer

Wegbeschreibung

1. 1. Heizen Sie den Ofen auf 37 °C vor.

2. Legen Sie Muffinförmchen in eine 12er-Muffinform.

3. Kombinieren Sie gewürfelten Blumenkohl, gemahlene Leinsamen, geschlagene Eier, eine Tasse gewürfelten Schinken, geriebenen Käse und gewürfelte Pilze, Salz, Pfeffer.

4. Verteilen Sie die Mischung gleichmäßig auf die Muffinförmchen.

5. 30 Minuten backen.

Dies ist ein tolles Mittagessen für die ganze Familie.
Ernährung:
Kalorien 116 / Eiweiß 10 g / Fett 7 g / Kohlenhydrate 3 g

9 781801 758055